L'INDÉPENDANCE D'HAÏTI

ET

LA FRANCE

PAR

CHAROLAIS

PARIS
E. DENTU, LIBRAIRE-ÉDITEUR
PALAIS-ROYAL, 13 ET 17, GALERIE D'ORLÉANS

1861
Tous droits réservés.

L'INDÉPENDANCE D'HAÏTI

ET

LA FRANCE

Un coup d'Etat a récemment replacé la république de Santo-Domingo sous la domination de l'Espagne.

Nous dirons plus loin quelles conséquences doit avoir pour l'ancienne colonie française d'Haïti cet attentat contre le droit des gens, dont le gouvernement de la reine Isabelle II vient d'accepter la responsabilité par un acte souverain.

Examinons auparavant par quels moyens et dans quel but cette révolution de palais s'est accomplie, quelles passions elle doit servir, et quels intérêts elle compromet.

Pour bien se rendre compte de la situation, il est utile de jeter un coup d'œil rétrospectif dans le passé.

L'île d'Haïti, l'ancienne Saint-Domingue, est la plus grande des Antilles après Cuba. C'est une des terres les plus fertiles du monde ; elle produit en abondance toutes les denrées coloniales des Antilles, notamment le café et le cacao, dont elle alimente en grande partie l'Europe et les États-Unis.

Découverte par Christophe Colomb en 1492, à demi-sauvage, divisée en tribus gouvernées par des caciques, qui ne savaient tirer qu'un médiocre parti des richesses enfouies dans ce sol privilégié, l'île, en proie à des guerres intérieures, incessantes, se livra à l'Espagne conquérante.

Que firent les Espagnols, alors tout-puissants ?

Ils eurent à peine jeté les fondements de Santo-Domingo, capitale de l'île, qu'ils voulurent en monopoliser le commerce comme ils le firent au Mexique, au Pérou, au Chili, partout où de hardis navigateurs, de sublimes aventuriers, plantèrent la bannière d'Isabelle la Catholique.

L'Espagne interdit aux indigènes toutes relations avec les étrangers, et, comme les habitants des ports de la partie occidentale continuèrent de vendre et d'acheter aux premiers venus, l'Espagne fit raser impitoyablement les villes de la côte occidentale.

Mais la contrebande n'en continua pas moins. La plupart des proscrits du despotisme espagnol, réfugiés dans l'intérieur, établirent un vaste système d'échanges avec leurs compatriotes réfugiés pour les mêmes motifs sur le continent américain.

La contrebande établit son quartier-général et son marché à l'île de la Tortue.

Les Espagnols attaquèrent les boucaniers dans leur retraite; mais ceux-ci résistèrent si bien qu'ils prirent possession d'une partie de la côte abandonnée, et, plutôt que de traiter avec leurs premiers conquérants, finirent par se placer sous le protectorat de la France.

Alors la France commença par introduire les bienfaits

de la civilisation dans le nord-ouest et le sud-ouest de l'île. Sous son administration tutélaire, les indigènes furent heureux autant qu'on peut l'être dans un pays où règne l'esclavage, outrage immense à l'humanité.

Heureusement une révolution nous a débarrassés de la honte d'avoir des esclaves; d'ailleurs nos agents, aux plus mauvais temps de notre domination coloniale, ont presque tous racheté les violences de la traite par la douceur de leurs procédés envers les malheureux Africains arrachés au sol natal par la trahison et par la cupidité.

Pendant une longue période, Haïti a ajouté chaque année deux cents millions aux ressources de la France.

Elle enrichissait en outre un nombre considérable de colons et de planteurs, et, par la seule force du courant établi entre l'île et la métropole, courant qui se traduisait en 1789, par un mouvement annuel de plus de sept cents millions de francs, somme énorme à cette époque, elle comprenait dans la sphère des intérêts desservis par elle environ sept millions de Français.

La révolution de 1789, source de toutes nos libertés publiques, ne pouvait manquer d'avoir son contre-coup aux Antilles. Des assemblées délibérantes se créèrent à Haïti; les mulâtres et les noirs libres, formant une masse imposante, possesseurs d'une partie du sol, réclamèrent leurs droits politiques.

Les colons méconnurent imprudemment les irrésistibles progrès de la civilisation; ils sacrifièrent à l'odieux préjugé de la couleur, à l'orgueil de leur race, les hommes généreux qui tentèrent de prêcher les principes d'égalité émis comme des axiomes par la Révolution.

Leurs yeux se fermèrent à la lumière, ils ne voulurent pas voir l'aurore nouvelle ; fils d'une patrie qui se dégageait des entraves d'une autocratie corrompue, ils osèrent lutter contre la loi.

Un décret de l'Assemblée constituante du 28 mars 1790 appelait tous les propriétaires âgés d'au moins vingt-cinq ans aux assemblées provinciales ; les planteurs blancs en repoussèrent l'exécution, parce qu'il ouvrait la porte de ces assemblées à des hommes de couleur.

Alors une juste exaspération éclata dans l'île ; la rébellion, une rébellion sacrée, menaça les violateurs de la loi. André Rigaud, Beauveais, Jean-François, Biassou, Jeannot, puis Toussaint Louverture, se levèrent dans le nord et dans l'ouest au nom de la loi foulée aux pieds.

Ne nous étendons pas sur l'histoire de Saint-Domingue ; nous ne voulons parler dans ce rapide aperçu que de ses transformations politiques. Déplorons les excès qui accompagnent les grandes crises, et laissons à l'avenir le temps de les juger.

Les noirs aimaient Louis XVI, qui avait été leur bienfaiteur ; sa mort violente les tourna contre la Révolution.

Au moment où Toussaint Louverture se jeta dans les bras des Espagnols, ses voisins, les planteurs menacés appelèrent à leur aide nos éternels ennemis, les Anglais.

Ceux-ci occupèrent Jérémie, bloquèrent le Cap et Port-de-Paix, et jetèrent des troupes au môle Saint-Nicolas.

Heureusement Toussaint Louverture se déclara, le 4 mai 1794, pour la république.

Grâce à lui, le général Laveaux battit les Anglais, et en

1795, par le traité de Bâle, l'Espagne céda à la France la partie dominicaine.

Par un nouveau revirement, Toussaint Louverture s'empara, en 1801, de la partie espagnole, chassa Laveaux et les Français, et se proclama gouverneur général.

L'arrivée du général Leclerc apaisa un moment la révolte; mais la mort imprévue du beau-frère de Napoléon souleva de nouveau les noirs. Des chefs entreprenants recommencèrent la lutte, qui se termina, le 1er janvier 1804, par la proclamation de l'indépendance.

La véritable forme du gouvernement d'Haïti est la république, et il est à remarquer que les trois hommes qui l'ont gouvernée, sous des titres pompeux, au profit de leur ambition ou de leur despotisme, ont fini misérablement.

Ces trois hommes sont : Dessalines, Christophe et Soulouque.

Le premier se proclama empereur le 8 octobre 1804, sous le nom de Jacques 1er, et périt dans une émeute deux ans plus tard.

Nommé président de la république, Christophe se créa roi en 1811; mais le parti républicain opposa Pétion à Henri 1er, et, à la mort de Pétion, en 1818, porta Boyer à la présidence. Christophe se suicida en 1820.

On verra plus loin ce que devint Soulouque.

En 1822, la partie dominicaine, rendue à l'Espagne en 1814, secouant le joug de la métropole, s'annexa naturellement à Haïti, dont la France reconnut l'indépendance par l'ordonnance royale du 17 avril 1825. Voici les principales conditions accordées à Haïti en échange de son autonomie :

1° Ouverture des ports de la partie française au commerce général.

2° Le pavillon français ne paiera que la moitié des droits imposés aux autres pavillons.

3° Haïti paiera une indemnité de 150 millions, représentant la valeur des propriétés des colons.

Ces conditions ne furent point exécutées, la guerre civile ayant ruiné l'agriculture et les finances haïtiennes. Un emprunt fut même souscrit en France pour opérer le premier versement de l'indemnité. Aussi, quelques années plus tard, deux négociateurs furent envoyés à Port-au-Prince par le gouvernement français, et arrêtèrent les bases d'un arrangement que consacra l'ordonnance du 12 février 1838.

Cette ordonnance reconnaissait de nouveau l'indépendance d'Haïti moyennant la conclusion d'un traité de commerce entre elle et la France et la garantie à cette puissance du traitement de la nation la plus favorisée. L'indemnité était réduite de 150 à 60 millions.

De son côté l'Espagne reconnut formellement, en 1855, l'indépendance de Santo-Domingo, qui s'était soustraite à sa domination depuis 1821.

Ainsi, en vertu du fait accompli comme en vertu d'une renonciation volontaire des deux métropoles, les deux parties de l'île s'appartiennent à elles-mêmes; elles sont officiellement reconnues comme États indépendants, et, en cette qualité, leurs droits sont écrits dans le code public des nations.

Continuons l'histoire d'Haïti :

En 1843, des troubles éclatèrent dans l'île et forcèrent le président Boyer à donner sa démission.

Son administration avait été intelligente et ferme, mais sans vues étendues et sans activité vers le progrès. La Révolution qui le renversa, préparée dans le sud, ne tint pas cependant ses promesses, et les Hérard, ses chefs, trompèrent les espérances démocratiques de la nation et furent renversés en 1844, au moment même de la scission de la partie dominicaine, dont les représentants à l'assemblée constituante n'avaient pu s'accorder sur certains points de la constitution avec les députés de la partie haïtienne après le renversement de Boyer.

Alors commença la série des présidents exclusivement pris dans l'armée, et qui ont, par leur incapacité, arrêté la marche ascendante de ce pays si plein de ressources.

Guerrier, Pierrault et Riché passèrent à la présidence, comme Othon, Galba et Vitellius à l'empire romain, sans y rester une année et sans laisser la moindre trace de leur passage.

A la mort de Riché, le Sénat crut devoir nommer encore un général. Il choisit un homme obscur, mais que ses mœurs simples et douces jusque-là recommandaient à son choix.

Ce général c'était Soulouque. Il fut proclamé le 1ᵉʳ mars 1845.

A peine élevé à la première magistrature de la république, il jeta le masque, à l'exemple de Sixte-Quint après son élection à la Papauté, et dévoila la tyrannie farouche et cruelle que le monde entier connaît si bien.

Le 29 août 1849, Soulouque proclamait l'empire et se faisait empereur sous le nom de Faustin Ier.

Sa jalousie ombrageuse lui fit commettre des atrocités sans nombre ; son amour de l'or, signe distinctif de sa nature inculte, se transforma en une rapacité effrénée.

Le despote prêtait à la petite semaine, vendait d'immenses fournitures pour des pots-de-vin, cédait à l'État à beaux deniers comptants des marchés faits à vils prix, émettait des bons du trésor qu'il ne remboursait jamais.

Des malversations, des dilapidations et des spéculations honteuses ont signalé son trop long règne à la fois ridicule et sanglant.

Enfin un mouvement hardi se trama aux Gonaïves en décembre 1858 ; des hommes résolus le préparèrent et se donnèrent pour chef le général Geffrard, connu par sa bravoure, son intelligence, sa générosité et son patriotisme.

Soulouque avait eu vent du complot ; il soupçonnait Geffrard, et ne douta plus lorsque celui-ci s'échappa de Port-au-Prince pour se rendre aux Gonaïves.

Venu là sur un canot, Geffrard débarqua en criant : Vive la liberté ! Vive la république !

Un comité départemental prononça immédiatement la déchéance de Soulouque, la mise en liberté des détenus politiques et plaça Geffrard à la tête du Gouvernement.

Tout le Nord se rallia à Geffrard, qui entra le 24 décembre à Saint-Marc, ville fortifiée. Soulouque voulut tenter le sort des armes dans l'Artibonite ; il fut battu, ce qui ne l'empêcha pas de se décerner les honneurs du triomphe à sa rentrée à Port-au-Prince.

Le 12 janvier, le chef de la république campait à une lieue de la capitale, et, le 15, les troupes chargées de la défendre lui en ouvraient les portes.

Le premier soin de Geffrard fut de délivrer sa femme et sa fille que Soulouque avait fait jeter en prison.

Désaffectionné et se sentant perdu, celui-ci eut recours à la commisération de son adversaire, dont la noblesse de cœur lui était connue. Geffrard s'engagea à le laisser partir avec sa famille à la condition qu'il abdiquerait.

Faustin Ier ne se le fit pas dire deux fois; il abdiqua, et se rendit sous une escorte chez le consul général de France, où le chef de l'État dut faire réclamer plusieurs caisses pleines d'or, dont l'ex-empereur s'était fait précéder : il put ensuite s'embarquer pour la Jamaïque avec les siens.

Ainsi le sang n'avait pas coulé dans ce mouvement, qui pouvait engendrer de terribles représailles s'il eût été dirigé par un cœur moins clément.

Trois jours avant de prêter serment à la constitution, Geffrard rendit un décret pour annoncer aux populations haïtiennes que le Gouvernement rentrait dans les voies légales. Il maintint dans leurs places les principaux fonctionnaires et nomma un ministère libéral, dans lequel il admit quatre noirs et trois mulâtres ; enfin il envoya une mission en Europe pour annoncer la reconstitution de la république à toutes les puissances, qui s'empressèrent de reconnaître le nouvel ordre de choses.

Le 11 mai, la Chambre des représentants vota une loi qui augmenta les traitements ; le 23, elle prononça le bannissement de Soulouque et de sa famille, et remplaça le droit du cinquième sur la récolte, destiné au paiement de l'indemnité, par un droit d'exportation de 5 fr. 33 c. sur cent livres de café. Cet impôt produit environ 4 millions de francs.

C'est par de sages mesures que le président actuel d'Haïti releva les finances compromises par tous les actes de son prédécesseur.

Le système monétaire d'Haïti est fondé sur un papier dont la première émission remonte à 1821. Il y a aujourd'hui en circulation une valeur de 50 millions de gourdes en billets, représentés par les propriétés de l'État ou par les droits de douane, qui figurent dans le bilan annuel pour des sommes considérables et toujours supérieures aux dépenses.

Les résultats de la Banque agricole, décrétée par un vote du pouvoir législatif, vont permettre la liquidation de cette dette en papier-monnaie.

Depuis sa scission en 1844, la partie Dominicaine a émis, de son côté, des billets de caisse, dont la dépréciation est telle aujourd'hui, qu'ils ne représentent même pas la deux centième partie de leur valeur primitive. Le doublon (16 piastres) vaut 3,200 gourdes et quelquefois beaucoup plus.

Cette situation constitue une dette publique considérable, bien au-dessus des ressources restreintes du pays, et qui va tomber sur le compte de l'Espagne.

L'esclavage est sans doute l'un des moyens sur lesquels l'Espagne, déjà peu riche par elle-même, compte pour régler cette énorme faillite. Régnant à Cuba et à Porto-Rico, à deux pas d'Haïti, l'esclavage est fatalement l'unique expédient dont elle puisse se servir pour sortir de la situation qu'elle s'est créée.

Tandis que dans la partie espagnole la production se réduit à quelques plantations de tabac, à des pâturages propres à l'élève des bestiaux, l'ancienne partie française se fait remarquer par la variété de ses produits autant que par l'importance de sa population. Deux fois moins grande que sa voisine, elle est cinq ou six fois plus peuplée qu'elle.

Son contingent à l'exportation est de soixante-dix millions de livres de café et de quinze millions de livres de cacao, sans compter la cire jaune, les cuirs de bœuf, le coton, l'écaille, les bois de campêche et d'acajou, dont elle alimente un nombre considérable de navires français, qui, après avoir déchargé leurs cargaisons dans les autres Antilles ou dans divers ports des deux Amériques, viennent prendre leur chargement de retour à Haïti.

L'ancienne possession française contient aussi des mines dont on tire parti, tandis que les Dominicains, pauvres et peu industrieux, ne savent comment exploiter celles qui se cachent dans leurs montagnes.

La culture de la canne, autrefois très-développée dans la partie nord-ouest de l'île, produisait du sucre pour la consommation de la France entière. Depuis quelque temps le sucre indigène a arrêté l'essor de la grande culture à Haïti, et le jus de la canne a été principalement employé à faire du rhum, soit pour la consommation locale, soit pour l'exportation.

Le Gouvernement actuel, s'efforçant de favoriser la fabrication du sucre, ce produit reprendra bientôt la première place parmi les ressources agricoles du pays.

Il manque à Haïti des bras pour la grande culture ; la population y est insuffisante, car elle ne s'élève pas tout à fait à un million d'âmes pour un territoire de près de cent mille kilomètres carrés ; elle pourrait être de dix ou douze millions.

Développer la culture dans le sens utile du mot, l'enrichir de travailleurs, d'immigrants qui, en échange de l'aisance qu'ils trouvent à prêter leur concours à l'exploitation des terres, apportent avec eux la prospérité et triplent la valeur des propriétés, telles doivent être les préoccupations d'un gouvernement sage.

Ce territoire, fécondé par le soleil, donnait autrefois à la France un revenu considérable. Beaucoup s'enrichissaient, tous vivaient de son exploitation. Sa nature n'a pas changé, et il peut offrir, par ses relations commerciales, les avantages qu'il apportait chaque année au protectorat de la métropole.

L'immigration et la Banque agricole, la création d'inspecteurs de l'agriculture, récemment décrétées par le général Geffrard, auront bientôt considérablement accru les produits de la république et reconstitué sa prospérité des premiers jours.

Pour atteindre ce but, le Gouvernement provoque l'immigration : des agents sont placés à Boston et à New-York pour favoriser le mouvement vers Haïti des hommes de couleur qui vivent sans droits sur le sol des États-Unis. Il en est déjà arrivé un certain nombre ; les agents, qui ont entre leurs mains des moyens pécuniaires suffisants, enrôlent avec activité les noirs ou les jaunes du nord de l'Amérique, auxquels Haïti promet de la terre, des instruments et les premiers frais d'établissement.

Cette importante fraction des intérêts publics partage, avec les progrès de la civilisation, les préoccupations du chef de la république haïtienne. Il a appelé à lui des professeurs français et envoyé en France des jeunes gens pour y compléter leur instruction. Il a établi des lycées, de nombreuses écoles primaires, des écoles rurales et un contrôle permanent des études.

Les bienfaits de son gouvernement nous font un devoir de dire quelques mots de l'homme qui a sauvé son pays du despotisme et de l'anarchie, et qui restera comme le plus beau caractère de son époque.

Le général Geffrard est de race jaune, mais noir de peau. Il est âgé de cinquante cinq ans. Fils d'un général célèbre dans les guerres de l'indépendance, il appartient à l'une des premières familles du pays ; élevé avec soin, il possède une éducation distinguée, ses manières gracieuses lui gagnent tous ceux qui l'approchent.

Il a toujours suivi la carrière militaire, et passé par tous les grades de l'armée ; brave, hardi, chevaleresque, il n'a point hésité à se mettre à la tête du parti libéral qui préparait le renversement de Soulouque.

Cette révolution contre un chef si puissant et si terrible n'a pas coûté une goutte de sang au pays, tant Geffrard y mit de modération et de grandeur d'âme.

Combien trouve-t-on de mouvements de ce genre qui s'accomplissent en Europe sans de profondes secousses et des sacrifices de toute sorte ?

Placé au pouvoir comme président de la république,

le général Geffrard réussit presque immédiatement à donner la mesure des aptitudes civilisatrices de sa race, dont on déniait à tort les qualités intellectuelles.

Il étudiait avec le pays les mesures à prendre pour hâter la prospérité de cette terre fortunée, lorsqu'un traître, sans excuse et sans parallèle dans l'histoire, vendit sa patrie à l'étranger et jeta la République d'Haïti dans les plus grandes alarmes.

Ce traître a nom Santana.

Santana est un aventurier qui, de gardeur de bœufs dans les pâturages de Seybo, s'est élevé au rôle de chef de bande pendant la révolution de 1844.

Dans un pays pauvre en hommes capables, ce grossier pâtre a pu devenir général et acquérir une certaine influence sur une population généralement ignorante.

Cette influence lui a valu trois fois la présidence de la République Dominicaine. C'est pendant sa dernière présidence que ce fils ingrat, effrayé de sa propre incapacité et pressentant sa chute prochaine, a vendu sa patrie à l'Espagne au prix d'un cordon et de quelques sacs de réaux.

Son concurrent, le général Baez qui, deux fois, de 1849 à 1853 et de 1856 à 1858, a occupé le pouvoir, est, au contraire, un homme intelligent, humain et prévoyant, comme il en faut à Santo-Domingo pour développer les richesses enfouies dans son sol et dont l'abandon ne profite à personne.

La cession à l'Espagne de Santo-Domingo est un fait monstrueux pour l'accomplissement duquel on a impudemment trompé l'opinion publique en Europe.

Santana avait essayé deux fois déjà de livrer son pays aux États-Unis, ou tout au moins de leur vendre Samana, la plus puissante position maritime du nouveau monde : il avait fait aussi à Louis-Phillipe des ouvertures, que ses engagements avec l'Angleterre empêchèrent celui-ci d'accepter ; enfin, de guerre lasse, il s'était tourné vers la cour de Madrid.

Le complot fut si ténébreusement conduit que, dans la séance du 18 avril dernier, lord John Russell, répondant aux interpellations de M. Grégory, déclara qu'il ne connaissait de la cession à l'Espagne que la proclamation de Santana, que le gouvernement espagnol n'avait reçu d'ailleurs rien d'officiel à ce sujet et n'accepterait probablement pas Santo-Domingo.

Le coup d'État qui vient de détruire l'autonomie d'un peuple au profit d'un individu, était depuis longtemps préparé entre le gouvernement espagnol et Santana. Déjà en 1852, les événements l'avaient fait échouer, mais l'idée n'en fut point abandonnée, seulement l'Espagne voulut avoir l'air d'être appelée par la population dominicaine.

Voici de quelle manière elle l'a été :

Des émissaires expédiés de Santo-Domingo à la Havane, traitèrent, dès l'année dernière, à los Llanos, avec le représentant du gouvernement de Cuba, et arrêtèrent le programme de cette immense trahison.

Dès le mois de novembre l'Espagne acceptait en principe, à la condition que tout se ferait à Cuba et par Cuba.

Alors commença une immigration de Cubains à Santo-Domingo, sous prétexte de défrichement. Santana fit une nouvelle émission de papier-monnaie, et les millions qui en résultèrent servirent à acheter les consciences faciles et le patriotisme douteux. L'exil, la prison, les persécutions eurent raison des derniers scrupules.

Au mois de janvier 1861, l'arsenal fut livré à un colonel espagnol, élevé depuis au grade de général ; en février, cinquante officiers espagnols obtinrent d'importantes fonctions dans la république.

Pour endormir la confiance de ses malheureux concitoyens, le 27 février, Santana adressa au congrès un manifeste où il se déclara le défenseur de l'Indépendance, ce qui ne l'empêcha pas, le mois suivant, par un autre manifeste, de proclamer l'annexion de la république à la couronne d'Espagne et de faire saluer cette lâcheté par cent-un coups de canon.

Que faisait pendant ce temps l'Espagne ?

Elle feignait d'ignorer les événements, elle avait la main forcée. Voilà du moins ce qu'elle disait à l'Europe. En réalité, elle couvrait de troupes le territoire dominicain, et des navires de guerre mouillaient dans toutes les baies afin d'appuyer le coup d'État.

Ainsi l'astuce et la violence avaient accompli leur œuvre ténébreuse.

Le peuple dominicain était-il donc las de son indépendance et réclamait-il le protectorat espagnol comme l'unique moyen de salut ? Non. La seconde proclamation de Santana était aussi mensongère que la première, et les listes d'adhésions furent signées sous le régime de la terreur. La persécution et l'exil déterminèrent le vœu *spontané* des Dominicains.

La première protestation contre cet acte inattendu vint de la France et de l'Angleterre, dont les agents consulaires amenèrent leurs pavillons le jour même où il s'accomplit.

La seconde vint de la république d'Haïti, menacée dans son autonomie par le voisinage des Espagnols.

La troisième des États-Unis, qui, en vertu de la doctrine de Monroe, considérèrent le changement comme une cause légitime de guerre et protestèrent contre le gouvernement espagnol, qui avait certainement calculé les difficultés politiques de la Confédération américaine pour achever son œuvre annexioniste.

La France est la puissance la plus sérieusement engagée dans la question haïtienne. Lorsqu'elle partageait ce pays avec l'Espagne, elle a tout fait pour le posséder entièrement, car elle sentait que deux États sans aucune affinité entre eux ne peuvent pas tenir dans une île de la dimension d'Haïti.

En 1698, la France fit demander par son ambassadeur à la cour de Madrid à quelles conditions l'Espagne consentirait à lui céder la partie orientale de l'île ; en 1740, elle proposa la Corse en échange de cette partie, et, en 1783, la Guadeloupe.

Elle l'obtint en 1795, en échange des places conquises pendant la campagne au delà des Pyrénées.

La raison, qui fit faire tant d'efforts à la France pour avoir l'orient de l'île, est la même qui inspire le gouvernement haïtien quand il voit dans le voisinage de l'étranger un péril incessant pour son repos, sa prospérité et sa nationalité.

Lorsque, en 1844, les Dominicains se séparèrent du gouvernement haïtien à la suite d'une divergence d'opinions politiques, ce dernier employa tous les moyens de persuasion pour les ramener à l'unité nationale. Ses tentatives d'invasion n'eurent pas d'autre but, et jamais la pensée d'une guerre sérieuse avec les dominicains ne lui est venue. L'origine est commune, les destinées doivent l'être.

Le gouvernement actuel d'Haïti, en vue d'une solution pacifique à donner ultérieurement à la question, accepta avec confiance la médiation de la France et de l'Angleterre, qui proposèrent une trêve de cinq années.

Le traité a été consenti et signé en février 1859. Il interdit aux Haïtiens toute action militaire sur les frontières dominicaines et aux Dominicains la faculté de disposer de leur territoire puisque, d'après le droit des gens, les choses doivent se trouver après la trêve dans l'état où elles étaient avant.

Or il n'y a pas dans le monde deux espèces de droit des gens, et une convention internationale ne peut avoir deux poids et deux mesures. Les puissances médiatrices ont garanti le traité, elles ont pour devoir d'en maintenir les clauses.

C'est surtout sur la France que compte le gouvernement Haïtien, qui a apporté tant de loyauté dans ses relations avec ses voisins. Il a droit à la sympathie de la France qui a toute la sienne.

Le principe des nationalités, que notre glorieux drapeau vient de défendre en Crimée et en Italie, n'est-il pas violé par la cour de Madrid ? Le sentiment de la justice ne commande-t-il pas d'appuyer un peuple jeune et qui, donnant un éclatant démenti aux plus sinistres prévisions, applaudit aux idées, aux principes, aux sentiments généreux de son ancienne métropole, et fait de constants et énergiques efforts pour se montrer digne d'elle ?

Non, quoi qu'en ait dit le décret de la reine d'Espagne, il n'y a pas eu spontanéité de la part des Dominicains, et si Santana n'eût pas procédé par l'exil et par la violence contre les hommes actifs et éclairés du pays, s'il n'eût pas désarmé les troupes sous prétexte d'échanger leurs armes contre des armes de précision, jamais l'odieux coup d'État n'aurait pu s'accomplir.

La preuve c'est qu'une résistance vigoureuse s'organise sur presque tous les points du territoire. Le peuple est en armes à Santiago, à Seyba, à Azua, à Samana, à Santo-Domingo. La police espagnole opère de nombreuses arrestations, des familles entières émigrent; mais la résistance grandit et se développe chaque jour.

Santana a vendu son pays, contre le vœu bien démontré du pays lui-même. Reste à savoir si cette violence inouïe sera tolérée en plein dix-neuvième siècle, à l'époque où triomphent partout les nationalités opprimées, où les peuples réclament simultanément leur autonomie.

Les puissances, qui ont signé le traité comme médiatrices, doivent conjurer les maux que peut entraîner sa violation. La France surtout n'a aucun intérêt à voir une puissance étrangère s'établir à Samana, port immense et véritable clef du golfe de Mexique, à l'aide duquel l'Espagne, appuyée sur Cuba et sur Porto-Rico, serait maîtresse des Antilles, et commanderait le chemin de l'Europe à Panama.

Le commerce français trouve en Haïti un débouché considérable que l'Espagne lui disputera demain. Vivant dans l'intérieur de l'île, et n'ayant presque pas de relations extérieures, le peuple dominicain s'approvisionnait sur les marchés haïtiens : l'Espagne les lui interdira au profit de son commerce et de son industrie propres.

Le peuple haïtien, français d'origine, vivant de la civilisation de la France, et naturellement porté vers elle, se développant sous l'influence de notre langue et de nos idées, ne mérite-t-il pas l'appui de cette France dont il aime la gloire et la grandeur comme si elles étaient siennes ?

N'est-il pas d'une haute importance pour la politique générale des grandes puissances que l'île d'Haïti, en raison de sa situation géographique, s'appartienne à elle-même ?

Le gouvernement du général Geffrard ne promet-il pas beaucoup au monde par l'intelligence et par l'esprit de progrès qui le distinguent ?

Si l'Espagne reste à Santo-Domingo, les États-Unis n'interviendront-ils point ? Ne résultera-t-il pas de là un conflit terrible dans lequel seront sacrifiés les intérêts commerciaux ?

La conséquence immédiate de la lutte ne sera-ce pas la perte pour l'Espagne de ses colonies de Cuba et de Porto-Rico, sources principales de ses revenus, et laissera-t-on prendre enfin à la guerre civile les proportions d'une guerre d'extermination ?

Les Dominicains vivent chez eux, dans leurs montagnes et sous un climat fatal aux Européens. Jaloux de leurs droits, ils se feront tuer jusqu'au dernier pour défendre leur liberté menacée par les possesseurs d'esclaves, qui seraient fatalement conduits, par la force des choses, à leur imposer l'esclavage maintenu dans leurs autres colonies.

L'esclavage rétabli en Haïti en 1861 par une puissance européenne, quand il a été aboli dès le siècle dernier, et alors que Geffrard voulait reconnaître l'indépendance dominicaine à la condition qu'un traité d'alliance lierait les deux républiques, ne serait-ce pas le comble de la honte, et l'Angleterre voudra-t-elle transiger ici avec ses principes absolus sur la traite ?

Sans doute, si elle reste à Santo-Domingo, l'Espagne n'osera pas tout d'abord rétablir officiellement la traite ; mais elle ne voudra pas que sa nouvelle possession coûte deux millions par an à son trésor comme autrefois, et la traite officieuse se fera par Cuba et Porto-Rico dans le but de défricher un pays où manquent les bras.

Et si, contrairement aux exigences de sa politique, l'émancipation des races restait acquise dans la nouvelle colonie, il en résulterait inévitablement, dans un temps prochain, une insurrection générale dans les autres possessions espagnoles. Croit-on que les quatre cent cinquante mille esclaves de Porto-Rico et les huit cent mille de Cuba subiraient longtemps l'opprobre et la servitude lorsqu'à quelques lieues d'eux, leurs frères par le sang et par leur origine jouiraient des bienfaits de la liberté ?

Non, rien n'est contagieux comme l'indépendance ; les esclaves voisins, forts des droits inaliénables de la nature, se révolteraient contre leurs maîtres. Et qui donc oserait les blâmer? Il est des situations dans la vie des peuples où l'insurrection est le plus saint des devoirs.

Ainsi le but réel de l'Espagne ne serait pas atteint. Au lieu de reconstituer sa grandeur passée par l'extension de sa domination coloniale et d'étendre sa prépondérance dans les mers du Mexique, elle perdrait les deux grandes possessions intertropicales qui, avec les Philippines, sont les derniers restes de l'immense empire de Charles-Quint.

La protestation du 6 avril du général Geffrard est donc un acte de haute prévision contre les éventualités de l'avenir. Avec sa haute intelligence, le président de la république haïtienne comprend bien que les deux peuples sont solidaires l'un de l'autre et que son domaine est menacé par la tentative espagnole.

C'est donc avec raison qu'il invite les Dominicains à reprendre leur autonomie lâchement négociée par un traître, et qu'au nom de leur propre intérêt il en appelle aux puissances signataires du traité de 1859, et à toutes les nations du monde civilisé d'une violation flagrante du droit des gens et d'un déni de justice commis ou tout au moins accepté par l'Espagne.

L'intérêt bien entendu de toutes les nations, celui de la France principalement, est l'indépendance de cette île, si riche et si digne de protection, et la neutralisation de ce port comme il n'y en a pas trois au monde et qui, enserré dans un golfe profond, auquel un goulet étroit donne accès, peut renfermer toutes les flottes dans son vaste circuit.

Pour que l'île soit libre et la baie de Samana neutre, il faut que les deux peuples confondent leur existence ou du moins qu'ils vivent unis dans une cordiale et fraternelle alliance. C'est l'opinion émise par M. Raybaud, qui a été longtemps notre consul-général à Port-au-Prince, et qui, en 1858, proposait la fusion d'Haïti et de Santo-Domingo.

En supposant que les puissances européennes laissent l'Espagne s'installer sur le territoire dominicain, que fera et que dira la France, qui seule aurait eu des droits à cette reprise de possession par le traité de Bâle, en admettant que ces droits eussent survécu à une reconnaissance formelle ?

En dehors de la question de nationalité et de celle du droit international, il y a ici pour nous des intérêts matériels à sauvegarder. Ces intérêts sont ceux des anciens colons ou de leurs héritiers au profit desquels a été consentie l'indemnité.

Le président Boyer en a payé exactement les termes de 1838 et de 1842, puis il y a eu une interruption de cinq ans. Le général Geffrard sert les intérêts de la dette avec une scrupuleuse exactitude, et chaque trimestre est de 800,000 fr.

Si la guerre éclate ou si l'Espagne menace Haïti, la république doublera, triplera ses dépenses pour se prémunir contre les tentatives de son dangereux voisinage et se tenir sur les frontières en état de paix armée.

Le service de la dette n'en souffrirait-il pas ? et des milliers de Français qui comptent sur les fonds haïtiens ne verraient-ils pas ces ressources leur échapper ?

Où est donc le véritable intérêt français dans cette affaire? Pourquoi les droits garantis par la France ne seraient-ils pas maintenus ?

Nous avons toujours été partisan de la liberté des peuples, et nous croyons fermement que c'est un tort grave de ne pas laisser les nations s'arranger chez elles comme elles l'entendent.

Haïti esclave a appartenu à la France et a été l'un des plus beaux fleurons de sa couronne coloniale. Haïti libre n'appartient désormais qu'à elle-même. Nous avons traité avec la jeune république et reconnu son autonomie : quoi qu'on veuille dire, nous ne reviendrons point sur cette reconnaissance.

S'il avait été dans l'arrière-pensée de l'Empereur de la reprendre, il se serait opposé surtout à l'acte inconsidéré de l'Espagne; il n'aurait pas voulu partager, là où le droit lui donnerait tout, si le droit n'était pas frappé de péremption.

Nous avons vécu parmi le monde colonial, nous avons été témoin de l'abaissement de la race noire, dont les blancs ont empêché longtemps le développement intellectuel pour se donner le plaisir de l'accuser d'incapacité, et nous sommes forcé de convenir que rien ne nous a paru plus intéressant, plus moral, plus grand peut-être, que le succès rapide obtenu par la race africaine à Haïti sous le gouvernement paternel et loyal du général Geffrard.

La société y est très-éclairée. Le goût de l'étude y est assez répandu, et de fréquents voyages des Haïtiens en France entretiennent dans le pays les plus chaudes aspirations vers la civilisation européenne. La littérature française développe chez nos anciens administrés, avec l'amour de la France, le sentiment des grandes choses et le culte du beau.

L'industrie compte pour fort peu dans ce pays. Tous les bras sont à l'agriculture, à laquelle ils ne suffisent pas.

Un de nos créoles les plus distingués, notre collaborateur, M. Le Pelletier de Saint-Remy, fait grand état dans un excellent article du reste, publié le 1er juin dernier dans la *Revue des Deux-Mondes*, de l'antagonisme des castes en Haïti. Il oppose la prétendue rivalité des noirs et des jaunes comme un obstacle invincible au progrès.

M. Le Pelletier de Saint-Remy, dont la parole et la plume font autorité en matière coloniale, se trompe ici complétement. Il n'y a point dans l'ancienne Saint-Domingue la lutte entre deux castes ; on y rencontre seulement, ce qui existe partout, une secrète jalousie des classes inférieures à l'endroit de celles qui possèdent plus de lumières ou plus de richesses qu'elles.

Ce sont les communistes, les partis extrêmes, qu'on voit surgir dans les commotions politiques. En 1848, il n'y avait pas plus de noirs en France qu'il n'y en a aujourd'hui ; mais on trouvait des gens qui rêvaient un nivellement impossible et contraire à l'ordre naturel des choses.

Il n'y a rien de plus à Haïti. Les jaunes et les noirs y vivent bien ensemble et n'ont entre eux de différence que celles que créent l'éducation, la fortune et les positions sociales.

Les apparences trompent ceux qui ugent trop vite un

groupe d'hommes, une société; mais pour qui connaît, questionne et fréquente la société haïtienne, il n'y a point en elle les germes de cet antagonisme qui fait les noirs et les jaunes ennemis inconciliables les uns des autres ; antagonisme qui serait, s'il existait, un obstacle insurmontable à la civilisation.

La population des campagnes, moins avancée que celle des villes, montre cependant une certaine finesse d'esprit, à l'état inculte il est vrai, mais qui promet beaucoup pour l'avenir politique et moral de ce peuple.

En général, les Haïtiens ont l'imagination vive, les passions ardentes, le cœur bon. Ils ont appris des Français, dont ils ont religieusement conservé la langue et les instincts, à aimer la patrie et à répandre leur sang pour elle.

Si leur indépendance politique était un jour menacée, ils feraient voir au monde qu'ils ne s'enorgueillissent pas en vain de leur origine française dans les Antilles.

L'hospitalité chez eux rappelle le temps des patriarches ; tous les étrangers qui ont parcouru leurs montagnes leur rendent justice sur ce point.

Ils n'ont besoin, pour devenir un peuple fort et considéré, pour prouver l'aptitude de leur race aux grands enfantements de l'esprit humain, que d'avoir la paix et l'entière possession de leur île.

Parmi eux la France jouit d'une influence sans limites : ils l'aiment et la vénèrent. Les Haïtiens emploient des ingénieurs français pour leurs travaux publics, des officiers français pour instruire leurs troupes, des professeurs français dans leurs colléges, et, nous l'avons dit plus haut, leurs enfants viennent compléter leur éducation en France.

On envoie ces jeunes gens dans nos grandes écoles, dans nos lycées, afin qu'ils y puisent les connaissances de l'esprit humain, le goût de notre civilisation et l'amour du grand peuple qui marche à la tête de l'humanité et qui leur a donné, à eux Haïtiens, une langue, un caractère et une profonde affection pour leurs droits.

En un mot, ces jeunes gens, dont la couleur n'est pas la nôtre, et dont les pères étaient des ilotes, apprennent en France à devenir des hommes et rapportent à la terre natale les vertus qui font les grands citoyens.

L'ordre des finances, si bien dérangé par Soulouque, peut être considéré comme définitivement reconstitué par son successeur. Non-seulement le général Geffrard paie exactement l'indemnité, mais il a trouvé le moyen de prélever sur les droits d'importation et de tonnage les frais de la dernière révolution, s'élevant à 300,000 fr., et 600,000 fr. affectés à rembourser les bons du trésor émis par Soulouque.

Que demanderait, avec une apparence de justice, la France à ce peuple intelligent et progressif, dirigé par un homme dont le caractère, à la fois clément et énergique, a retiré le pays du chaos dans lequel il était plongé ?

Après sa reconnaissance de l'indépendance d'Haïti, la France n'a plus aucun droit à faire valoir sur son ancienne colonie ; l'Espagne en a moins encore, puisqu'elle avait cédé la partie orientale et que, depuis, elle a volontairement reconnu son autonomie.

Il faudrait, pour être logique et dans un but d'intérêt

général, respecter cette autonomie et faire déclarer Samana port neutre et libre, sous la protection de toutes les nations maritimes.

Mais Samana à l'Espagne, Samana, position culminante dans la mer des Antilles, fortifiée, fermée, interdite à tous au profit d'un seul, c'est Gibraltar sur la grande route de l'ancien monde au nouveau.

L'Espagne ne s'éternisera pas à Santo-Domingo, qui ne s'est ni librement, ni spontanément donné à elle. L'insurrection éclate sur tous les points de ce pays, et cette insurrection n'a rien de commun avec l'invasion haïtienne : c'est la légitime révolte de la justice contre la trahison, du droit contre la violence, du patriotisme contre l'infamie.

Ce peuple, a-t-elle dit pour justifier un crime politique, ce peuple s'est jeté dans nos bras. Cela n'est pas vrai : ce peuple est en armes contre vous à Neyba, à Seyba, à Azua, partout, ayant à sa tête ses meilleurs généraux, Cabral, Sanchez, et bien d'autres, qui n'ayant pas voulu subir l'opprobre du despotisme, feront germer la liberté sur la terre abreuvée de leur sang.

Non, l'Espagne ne conservera point la partie orientale et ne portera pas atteinte à la partie occidentale d'Haïti ; elle ne le pourra pas. Lorsque les États-Unis ont voulu l'annexion de Cuba, l'Espagne a traité les annexionistes comme des flibustiers ; elle a invoqué le droit des gens violé et en a appelé à l'opinion. Ce qu'elle a considéré comme un attentat, elle vient de le faire. Que dirait-elle si Cuba se livrait aux États du Sud ?

Quant à la France, si elle veut étendre sa sphère coloniale, l'espace ne lui fera point défaut. Elle possède de l'autre côté de la Méditerranée, en face de Toulon et de Marseille, sa porte militaire et sa porte commerciale, un territoire d'une immense étendue, un véritable royaume, où l'on trouve tous les climats et toutes les productions du monde connu.

La colonisation et la fécondation de l'Algérie sont incomplètes; et pourtant le sol africain attend avec impatience le contact de la charrue et l'irrigation. L'Algérie sera un jour une autre France, aussi grande, aussi belle, aussi radieuse que la mère-patrie. Coloniser l'Algérie, c'est donc agrandir la France et doubler son influence industrielle et politique.

Si l'empire du Dey ne suffit point à notre ambition, prenons possession de Madagascar, qui nous appartient, de par le génie de Richelieu, et qui nous appartient si bien que l'Angleterre, au moment où la France lui cédait l'île Maurice et ses dépendances, a tenté une expédition pour s'en emparer, prétendant que Madagascar était une dépendance de Maurice. Le paradoxe était violent, attendu que celle-ci est la vingtième partie de celle-là, mais il a été énoncé par nos voisins, qui ne reculent devant aucune énormité lorsqu'il s'agit de leurs intérêts.

Reprenons donc Madagascar, c'est notre droit. On y massacre nos équipages, nos traitants, nos missionnaires; il y a là un peuple sauvage qu'il s'agit d'arracher à une sanglante autorité, à des coutumes barbares, aux sacrifices humains de ses fétiches. Mais aimons et respectons l'indépendance d'Haïti, contre laquelle aucune voix ne s'élève et dont le Gouvernement et les populations marchent avec une égale persévérance dans la voie de l'avenir régénéré.

L'inauguration d'un nouveau régime économique et l'installation prochaine de nos paquebots transatlantiques vont ouvrir de vastes horizons à tous les peuples. Entrons en relations commerciales suivies avec la jeune république; elle nous rendra au centuple ce qu'elle nous donnait naguère : ce sera une autre France dans l'archipel des Antilles, une amie reconnaissante, dévouée et fidèle, au lieu d'être une vassale indisciplinée.

Avant tout, restons fidèles aux principes que nous proclamons, et pour lesquels nous versons notre sang. N'ayons pas deux poids et deux mesures, et ne sacrifions qu'à la justice et au droit.

Respectons les nationalités qui se respectent elles-mêmes, et défendons-les au besoin.

Paris. — Imprimerie de L. Tinterlin et Ce, rue Neuve-des-Bons-Enfants.

www.ingramcontent.com/pod-product-compliance
Lightning Source LLC
Chambersburg PA
CBHW060705050426
42451CB00010B/1275